*Aus der Reihe*

**Der historische Ort**

*Nummer 20*

*Dr. Christine Gräfin von Brühl*

# *Der Gendarmenmarkt in Berlin*

*Berlin 2001*

# Inhaltsverzeichnis

*Die Geschichte des Platzes* 5

*Der Französische und der Deutsche Dom* 9

*Die Französische Friedrichstadtkirche* 13

*Grundrisse: Schauspielhaus, Deutsche Kirche,*

*Französische Kirche & Lageplan* 14

*Die Deutsche Kirche* 17

*Das Schauspielhaus* 18

*Angrenzende Bauten* 23

*Literaturauswahl* 25

*Zeittafel* 26

*Lieber Dietrich,*
*Dir herzlichen Dank für Deine schnelle und kompetente Hilfe.*
*Kai*

**Impressum**

Autorin: Dr. Christine Gräfin von Brühl
Fotos: Dietrich Graf
Titelbild: Dietrich Graf
Titelansicht: Blick auf den Französischen Dom, links Konzerthaus
Layout: Kultur•Marketing, Berlin
Druck: enka-druck, Berlin
ISBN: 3-931121-19-4
ISSN: 1430-2144
http://www.Kai-Berlin.com & http://www.Kai-Berlin.de

Die Deutsche Bibliothek-CIP-Einheitsaufnahme
**Gräfin Brühl, Christine**
Der Gendarmenmarkt in Berlin
Kai Homilius Verlag, 2001

(Der historische Ort; Nr. 20)
ISBN 3-931121-19-4

Ne: GT

## Die Geschichte des Platzes

Kaum ein Ort in Berlin hat einen so preußischen Namen wie der Gendarmenmarkt. Gleich denkt man an blitzblaue Uniformen, blinkende Schnallen und schnurgerades Aufmarschieren, wenn man den Namen nur hört. Doch auf dem Platz ist von Gendarmen keine Spur. Müßig scheint er sich in seiner ganzen Schönheit in der Sonne zu räkeln, dicht belebt ist er nur in den Sommernächten, in denen vor dem Schauspielhaus die Freiluftbühne aufgeschlagen ist und das Open-Air-Festival stattfindet.

Um die Mittagszeit verirren sich einige elegant gekleidete Banker und Anwälte aus der nahen Friedrichstraße hierher und verzehren den mitgebrachten Imbiß auf den Steinbänken. In den Stühlen der Cafés, die den Platz umgeben, lümmeln einzelne Touristen, und die Kinder laufen den Tauben hinterher. Aber der Platz hieß nicht immer Gendarmenmarkt.

Er trug verschiedene Namen, an denen meist auch seine jeweilige Funktion zu erkennen war. Im Zuge der Stadterweiterung im 17. Jahrhundert unter Kurfürst Friedrich III. (1688-1713) und dem schachbrettartigen Ausbau der Friedrichstadt nannte man ihn Mittelmarkt oder Neuen Markt. Danach wurde auch die Neue, beziehungsweise Deutsche, Kirche benannt, die hier 1701 bis 1708 für die deutsch-reformierte Gemeinde erbaut worden war. Etwa zeitgleich entstand im Norden des Platzes die Französisch-reformierte Kirche für die in Berlin

*Das Schauspielhaus, Aufnahme von 1930*

ansässigen Hugenotten. Beide Kirchen waren von schlichter Bauart und hatten jede ihren eigenen Friedhof.
Im 18. Jahrhundert nannte man den Platz nach dem neuen Viertel, in dem er sich befand Friedrichstädtischer Markt. 1735 ließ Friedrich Wilhelm I. (1713-1740) rund um die Kirchen Ställe, Kasernen und Hauptwache für das preußische Kürassierregiment anlegen. Das sah ein wenig merkwürdig aus, aber der König war zufrieden, denn er empfand die Verbindung von Kirchen und Kasernen als durchaus passend. Sie entsprach sowohl seinen streng religiösen wie militärischen Ansichten. Da man bei Hofe damals französisch sprach, hatten auch die Kürassiere einen französischen Namen.
Sie hießen „Gens d'Armes“, was nicht mehr als Leute der Waffen hieß. Danach hieß der Platz ab sofort Gendarmenmarkt.
Friedrich II. (1740-1786) verhalf dem Platz zu neuem Ansehen, indem er beschloß, ihn auf eigene Kosten umzugestalten. Er ließ die Kasernen abreißen und gab dem Architekten Karl von Gontard den Auftrag, zwei repräsentative Türme vor die Kirchen zu bauen. Vorbild war dem Preußen wahrscheinlich die Anlage der Piazza del Popolo in Rom mit den beiden Marienkirchen. Bekannt geworden war die durch das Stichewerk von Jean Barbault „Les plus beaux édifices de Rome“, das 1763 erschienen war.

Später wurden die Kirchen mit ihrem jeweiligen Turm verbunden, aber noch heute kann man sehen, daß es ursprünglich zwei ganz unterschiedliche Gebäude waren.
Die Deutsche Kirche ist rund, die Französische hingegen hat ein leicht geschwungenes Walmdach und ist rechteckig.
Infolge der Umbauten haben sich die Bezeichnungen Französischer und Deutscher Dom eingebürgert, zu Unrecht, denn es handelt sich bei keiner der beiden Sakralbauten um einen Dom mit Bischofssitz. Der Name geht lediglich auf die Bezeichnung „dome“ zurück, die sich auf die beiden Kuppeln bezieht, mit denen die Türme abschließen.
Schon 1774 war in der Mitte des Platzes ein Komödienhaus nach Entwürfen von Johann Boumann des Älteren entstanden. Nachdem dieses Theater einem Brand zum Opfer fiel, setzte Carl Gotthard Langhans 1800 bis 1802 einen zweiten

Theaterbau an seine Stelle, der 1817 gleichfalls durch Brand zerstört wurde.
1871 wurde das Schillerdenkmal vor dem Schauspielhaus aufgestellt. Fortan trug der Platz den Namen des Dichters.

*Das Schiller-Denkmal von Reinhold Begas*

## DAS SCHILLERDENKMAL

In der Mitte des Platzes, direkt zu Füßen der Treppenstufen, die in den großen Konzertsaal des Schauspielhauses führen, erhebt sich eine schneeweiße Statue. Sie stellt den Dichter Friedrich von Schiller (1759-1805) dar. Unter dem Arm trägt er eine Pergamentrolle, der Blick schweift elegisch in die Ferne und seinen Kopf krönt ein Dichterkranz. Die Skulptur stammt von Reinhold Begas, einem Schüler von Christian Daniel Rauch. Am 10. November 1869 wurde der Grundstein gelegt. Zwei Jahre später wird das Denkmal enthüllt. Damals war das eine bewegende Sache. Schiller stand für die Überwindung der staatlichen Zersplitterung Deutschlands. Ein Komitee wurde gebildet, eine öffentliche Ausschreibung formuliert und Geld in der Bevölkerung gesammelt. Anlaß für die Grundsteinlegung sollte der hundertste Geburtstag Schillers sein. Zu Füßen des Dichters sitzen vier Statuen. Sie stellen die Lyrik, das Drama mit Dolch im Gewand, die Geschichte, Steintafeln in der Hand, und die Philosophie mit umhülltem Haupt dar. Letzte hält eine Pergamentrolle, auf der geschrieben steht: Erkenne Dich selbst. An zwei Seiten befinden sich je ein gemeißeltes Relief: Eines stellt Musen dar, die Schiller die Lyra bringen, das andere zeigt Schillers Aufnahme bei den Meistern der Vorzeit. Homer und William Shakespeare heißen ihn willkommen.
1935 wurde das Schillerdenkmal im Rahmen einer Umgestaltung zum Aufmarschplatz mit Kulissen abgebaut. 1986 kam es auf dem Gendarmenplatz zurück.

Bei der 250-Jahrfeier der Akademie der Wissenschaften, deren Sitz sich seit 1946 gegenüber in der Jägerstraße befindet, wurde der Platz am 29. Juni 1950 in „Platz der Akademie“ umbenannt. Seit 1989 heißt er wieder Gendarmenmarkt.
Obwohl der Platz und seine Bauten im Zweiten Weltkrieg fast vollständig zerstört wurden, erstrahlt er heute wieder im alten Glanz. In der Mitte steht das Schauspielhaus. Nach dem Wiederaufbau dient es seit 1984 als Konzerthaus.
In der Französischen Friedrichstadtkirche, 1983 übergeben, finden Gottesdienste, Konzerte und Ausstellungen statt.
Der Deutsche Dom wurde erst 1996 endgültig rekonstruiert. Er ist heute Museum und birgt eine ständige Ausstellung des Bundestages: „Fragen an die deutsche Geschichte. Wege zur parlamentarischen Demokratie“.
Auf dem Gendarmenmarkt fanden auch bedeutende historische und politische Ereignisse statt, wie die „Aufbahrung der Märzgefallenen“, ein Anblick, den Adolph Menzel in seinem bekannten Gemälde von 1848 festhielt.

## Der Französische und der Deutsche Dom

1763 rief Friedrich II. Karl von Gontard aus Bayreuth nach Potsdam. Dort sollte er den Bau des Neuen Palais' beenden. Es folgten weitere Aufträge des Königs. Eine besondere Herausforderung war die Aufgabe, zwei schlanke Kuppeltürme ohne eigentliche Funktion für die Kirchen auf dem Gendarmenmarkt zu entwickeln. Damit sollte dem Platz ein wirkungsvoller Akzent und dem Stadtbild Berlins eine beherrschende Dominante verliehen werden. Gontard machte sich an die Arbeit, und 1780 wurden die Grundsteine gelegt.

Beide Türme sind identisch angelegt und stehen zu den bescheidenen Kirchengebäuden in keinerlei proportionalen und formalen Zusammenhang. Gontard wählt als Grundriß die Form eines griechischen Kreuzes mit Säulenportiken an drei Seiten. Der Kuppelturm überragt die Mitte. Nutzbare Räume befanden sich nur in den Kreuzarmen. Am 28. Juli 1781, noch während des Aufbaus stürzte der Turm an der Deutschen Kirche ein.
Der Architekt fiel in Ungnade, und Georg Christian Unger, ein Schüler von Gontard, übernahm die Bauleitung.
Grund für den Einsturz war unter anderem die Schlankheit der Türme. 1785 waren die beiden Kuppeltürme vollendet. Reichhaltig war die Verwendung von Skulpturen und Reliefs an den Außenwänden. Sie gehen auf den Wunsch des königlichen Auftraggebers zurück und entsprechen ganz dem rebarockisierenden Spätstil der friderizanischen Baukunst.
Die Figurenprogramme beider Türmen sind inhaltlich aufeinander abgestimmt. Die Kuppel des Französischen Domes krönt eine weibliche Figur. Sie stellt die Triumphierende Religion dar, steht auf einem Würfel und tritt mit einem Fuß auf einen Totenkopf. In der Rechten trägt sie einen Palmenzweig. Die Figuren oben in den Turmnischen stellen die Apostel Judas, Matthias, Bartholomäus, Jacobus, Simion und Matthäus dar. Die vier sitzenden Figuren darunter stehen für die Evangelisten Matthäus mit dem Engel, Lukas mit dem Stier, Markus mit dem Löwen und Johannes mit dem Adler. Die stehenden Skulpturen auf den Dachgiebeln sind Allegorien auf die Tugenden, die jeweiligen Tympanen darunter

*Der Französische Dom, gekrönt von der „Triumphierenden Religion".*

weisen Steinreliefs mit Christusszenen auf. Den Südgiebel schmücken Dankbarkeit, Wohltätigkeit und Mäßigkeit, und das Steinrelief zeigt Christus im Gespräch mit der Samariterin am Jacobsbrunnen. Der Ostgiebel trägt Hoffnung, Liebe und Glaube, und auf dem Relief ist die Bergpredigt dargestellt. Im Norden stehen Güte, Mitleid und Geduld, und auf dem Relief darunter begegnet Christus den Emmaus-Jüngern. Im östlichen Eingangsbereich stehen überdimensional große Skulpturen. Sie stellen die Propheten Jeremias, Ezechiel, Daniel mit dem Löwen, Samuel und Jesajas dar. Eine Figur fällt aus dem Rahmen. Es ist Joseph von Arimathia, der das Grab Christi bezahlt hat. Er trägt ein gewölbtes Gefäß für Spezereien und Leinwand unterm Arm. Über den Köpfen der Propheten sind kleinere, rechteckige Reliefs in die Wand eingelassen. Sie bilden Taufe, Geburt, Kreuzigung, Auferstehung und Himmelfahrt des Heilands ab. Es folgen das Pfingstwunder und eine Darstellung des Abendmahls.
Die Kuppel des Deutschen Domes krönt eine Figur mit Palmzweig, die für die siegende Tugend steht. Eine Schlange mit Apfel im Maul windet sich um die Kugel zu ihren Füßen.
Die Figuren in den Turmnischen stellen die Apostel Thomas, Jakobus den Jüngeren, Philippus, Johannes, Petrus und Andreas dar. Die vier sitzenden Eckfiguren darunter stehen für Glaube, Hoffnung, Liebe und Geduld.

Die Figuren auf den Giebeln sind wie beim Französischen Dom Allegorien der Tugenden. Die Steinreliefs in den drei Tympanen thematisieren Szenen aus der Apostelgeschichte. Den Südgiebel krönen Treue, Mildtätigkeit und Freundschaft, und das Relief zeigt Paulus, wie er Abschied von den Ephesern nimmt, bevor er per Schiff nach Jerusalem reist.
Sie fallen ihm weinend um den Hals. Auf dem Ostgiebel stehen Treue, Mildtätigkeit und Freundschaft. Der Tympanon weist die Szene auf, in der Paulus in Athen den unbekannten Gott predigt. Der Apostel zeigt mit der Hand gen Himmel. Den Nordgiebel schmücken Einheit, Keuschheit und Mäßigkeit. Die Abbildung darunter beschreibt die Szene mit Paulus in Lystra, bei der es ihm gelingt, eine Lahme zu heilen. Barnabas hält die Menschen zurück, die den Apostel anbeten und ihm opfern möchten.

Den Osteingang, der hier der Haupteingang ist, bewachen Abraham mit einem Opfergefäß, Moses mit den Gesetzestafeln, David mit Krone und Harfe, Johannes den Täufer mit Kreuz, Stephanus mit einem Berg von Steinen zu seinen Füßen und Paulus, den man am Schwert erkennt.
Die kleinen rechteckigen Steinreliefs zeigen Szenen, in denen die Figuren, die darunter stehen auftreten: Abraham gibt die Gefangenen los, Moses lehrt das Gesetz, König David führt die Bundeslade nach Jerusalem, Johannes predigt in der Wüste, Stephanus teilt den ersten Christen Almosen aus und Paulus liest die Inschrift an einem Altar zu Athen: „Dem unbekannten Gott“

Im Französischen Dom befindet sich ein Museum zur Geschichte der Hugenotten. Zwei Treppen winden sich hier spiralförmig ineinander bis zum ersten Absatz in dem hohen, kreisrunden Innenraum.
Die Glocken hängen innen, oben unter der Kuppel. Wenn sie schlagen, hallt es im ganzen Turm wieder. Wer die zahlreichen Stufen bezwingt und die Balustrade erklimmt, kann sie ganz aus der Nähe betrachten.
Zusätzliche Belohnung ist der herrliche Blick über ganz Berlin, der sich einem von draußen bietet. Wie überall in der Stadt erinnern auch hier auf der Balustrade des Französischen Domes kleine Reminiszenzen an die Jahre, in denen Berlin geteilt war. Zwischen den Verstrebungen des Geländers sind Schilder im Kupferboden eingelassen, die auf einzelne Gebäude und Sehenswürdigkeiten verweisen, die von hier oben zu erkennen sind. Da gibt es einen Hinweis auf den „Amtssitz des Staatsrats der DDR“, das „Haus der sowjetischen Wissenschaft und Kultur“, die „Botschaft der UDSSR“ sowie den „Leninplatz“. Zornige Hände haben die Schrift zerkratzt, aber sie ist noch gut zu lesen.

Die Schildchen mit der Bezeichnung „Reichstag“ und „Siegessäule“ weisen erklärende Zusätze auf. Sie erinnern daran, daß die Sehenswürdigkeiten in ;„Berlin West“ stehen.

## Die Französische Friedrichstadtkirche

Die Geschichte der Friedrichstadtkirche ist eng mit der Geschichte der Hugenotten in Preußen verbunden. 1685 erläßt der Große Kurfürst das Edikt von Potsdam. Darin erlaubte er den flüchtigen Hugenotten, in Brandenburg zu siedeln. Er gewährte ihnen Religionsfreiheit, Zoll- und sechsjährige Steuerfreiheit bei gewerblicher Tätigkeit sowie Hilfe bei der Ansiedlung. Damit sie nicht nur eine neue Bleibe finden, sondern auch ein geistiges Zentrum haben, bewilligt der König 1700 den Bau einer Kirche. Das war nicht nur ein Zeichen von Toleranz, sondern auch ein kluger Schachzug, denn die Flüchtlinge brachten außergewöhnliche handwerkliche Fähigkeiten und künstlerische Begabungen mit nach Preußen. Sie dankten es dem König mit unbedingter Staatsloyalität. Im Gegenzug wurden den Hugenotten später wichtige Staatsämter übertragen, und sie waren aktiv im Berliner Magistrat vertreten.
Der Bau der Kirche sollte zehntausend Taler kosten, und in allen protestantischen Ländern Europas wurden Spenden gesammelt. Baumeister waren die Hugenotten Jean Cayart und Abraham Qucsnay.

*Das Innere der Französischen Friedrichstadtkirche ist schlicht gestaltet*

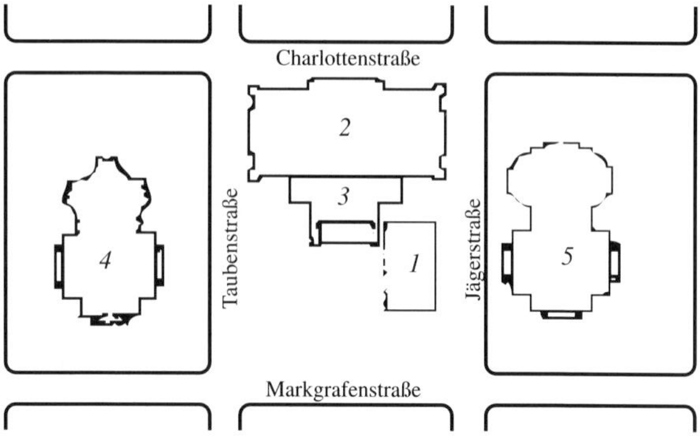


1. Das Komödienhaus von Boumann
2. Das Schauspielhaus von Schinkel
3. Das Langhanssche Theater
4. Die Deutsche Kirche
5. Die Französische Kirche

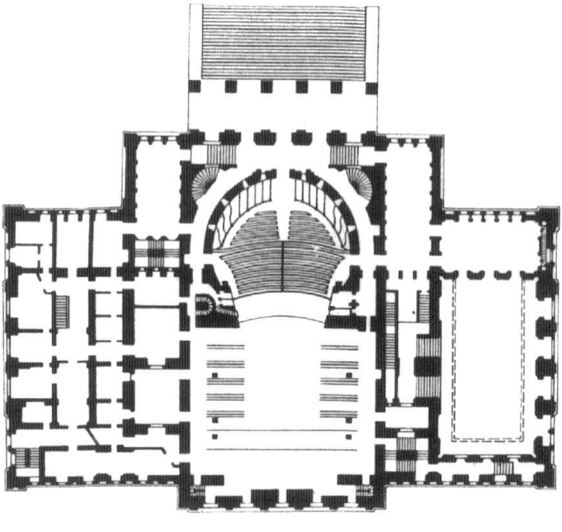

Grundriß des Schauspielhauses von K. F. Schinkel

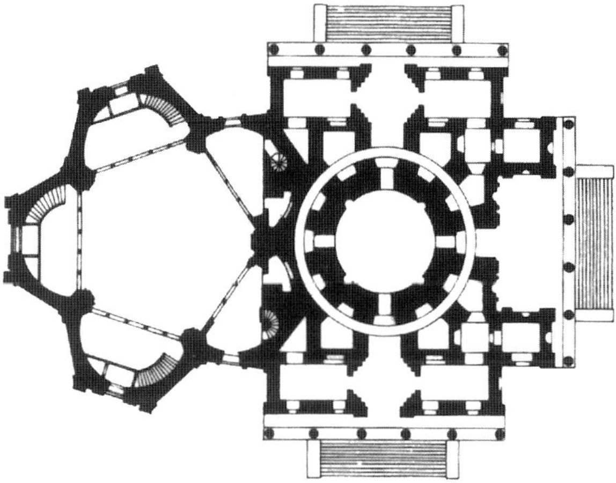

Grundriß der Deutschen Kirche mit Dom

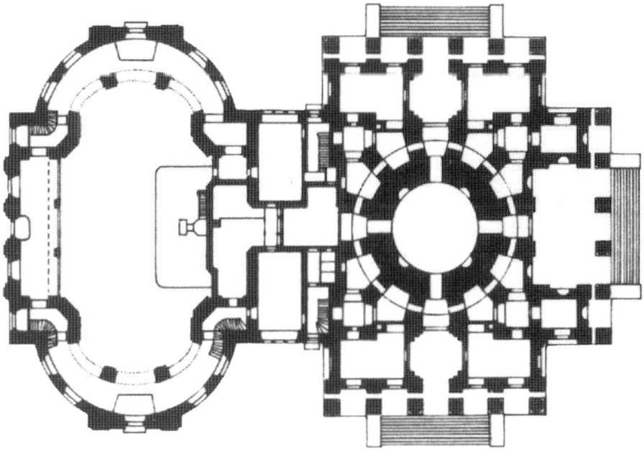

Grundriß der Französischen Kirche mit Dom

*Christus spricht mit der Samariterin am Jacobsbrunnen (Französischer Dom)*

Angeblich sollte Cayart auf Wunsch der Gemeinde bei seinem Entwurf den Hugenotten-Tempel von Charenton zum Vorbild nehmen. Innen war die Kirche wie die meisten von völliger Schmucklosigkeit geprägt. 1753 erhielt die Kirche eine Orgel. 1905/6 wurde die Kirche umgebaut und der Innenraum barockisiert. Dabei wurde die Kirche „gedreht“ und die Orgel dort aufgestellt, wo heute die Kanzel ist.

Obwohl man sich beim Wiederaufbau nach dem Zweiten Weltkrieg an die historischen Vorgaben hielt, nimmt sich der Innenraum heute noch durchaus bescheiden aus. Er ist hell und licht und hat hohe Fenster. Die Kanzel ragt zentral hinter dem Abendmahlstisch auf. Sie ist wie der ganze Kanzelraum zurückhaltend in Grün und Weiß gehalten. Die Orgel ist wieder dort, wo sie bis 1905 war. Im Gegensatz zu früher wurde allerdings eine Zwischendecke eingezogen, wodurch das Gebäude heute zwei Etagen hat.
Außerdem wurde an der westlichen Eingangsseite eine doppelläufige Treppe errichtet, über die man den Kirchraum im ersten Stock direkt erreichen kann. Der Giebel darüber trägt die Inschrift „Gott zur Ehre, der Gemeinde zum Segen, unter dem Schutze der Hohenzollern. Erbaut 1705, Erneuert 1905.“ Geschmückt wird er von drei Figurengruppen, die den Empfang der Hugenotten in Preußen versinnbildlichen. In der Mitte befindet sich eine Allegorie des Friedens und der Aufnahme der französischen Flüchtlinge.

Rechts und links werden ihre wesentlichen Anliegen thematisiert: Bildung und Erziehung, Kranken- und Armenpflege. Anläßlich der 250-Jahrfeier des Edikts von Potsdam wurde 1935 nicht nur das Hugenottenmuseum im Französischen Dom gegründet, sondern auch eine Bronzetafel an der Außenwand der Friedrichstadtkirche angebracht. Sie zeigt unter anderem eine Abbildung des Reformators Johannes Calvin.

## Die Deutsche Kirche

1701 wurde der Grundstein zur Deutschen Kirche gelegt. Der Bau sollte Filialkirche der lutherischen Jerusalemer Gemeinde werden, die hier gleichberechtigt neben der deutsch-reformierten Gemeinde als künftiger Nutzer vorgesehen war.

*Blick auf den Deutschen Dom*

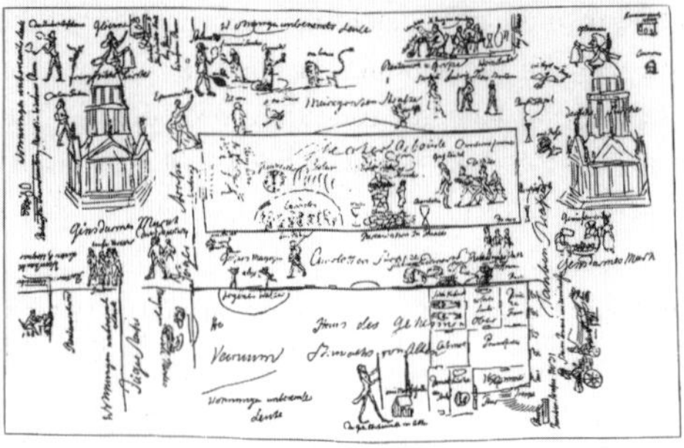

Servietten-Zeichnung E.T.A. Hoffmann´s

1880 wurde die Kirche umgebaut. Die alten Umfassungsmauern blieben erhalten, doch der Innenraum wurde neubarock gewölbt und mit einem Kuppeldach bedeckt. Heute sieht der Bau nur noch von außen wie eine Kirche aus. Im Zuge des Wiederaufbaus nach dem Zweiten Weltkrieges erhielten die Innenräume eine moderne Gestaltung. Innengänge und entsprechende Treppenhäuser verbinden geschickt den ehemaligen Sakralbau mit dem Turm.

## Das Schauspielhaus

Hatte die Anordnung von Französischem und Deutschen Dom auf dem Gendarmenmarkt klare städtebauliche Akzente gesetzt, fanden die mit dem Bau des Schinkelschen Schauspielhauses ihre prächtige Vollendung. Erst jetzt war das großartige Ensemble komplett, das nach der Ansicht zahlreicher Betrachter - allen voran der Historiker Lorenz Demps in seinem berühmten Buch - den Gendarmenmarkt zum schönsten Platz Berlins macht.
Fabelhaft ist die Anlage: der herrliche Portikus mit den sechs ionischen Säulen, die großzügige Freitreppe, und hoch oben auf dem Giebel zügelt Apoll die stürmischen Greife, die seinen Streitwagen ziehen.
Wie ein Gegengewicht balanciert auf dem Westgiebel der geflügelte Pegasus. Erster Vorgängerbau war, wie schon erwähnt, das Boumannsche Komödienhaus.
Es war ein schlichter Rechteckbau, faßte tausend Plätze und war bald zu klein. August Wilhelm Iffland (1759-1814), der unter Friedrich Wilhelm II. (1786-1797) die Leitung des Hauses übernommen hatte, ließ mit Weisung des Königs das

Haus abbrechen. Für den Nachfolgebau, das Nationaltheater zeichnete niemand weniger als Carl Gotthard Langhans, der Erbauer des Brandenburger Tors, verantwortlich. 1802 konnte es mit einer Aufführung von „Die Kreuzfahrer" von August von Kotzebue eröffnet werden.

## KARL GRAF BRÜHL UND KARL FRIEDRICH SCHINKEL AM SCHAUSPIELHAUS

Ein Höhepunkt des Schauspielhauses stellt die Zeit dar, in der Karl Graf Brühl (1772-1837) Generalintendant ist. In Dresden und auf dem väterlichen Schloß Seifersdorf aufgewachsen, war Brühl von Kindesbeinen an umgeben von den Einflüssen geistiger Größen seiner Zeit. Seine Eltern, Hans Moritz (1746-1811) und Tina Brühl (1756-1816), standen in Verbindung zum Weimarer Fürstenhof und zum Karlsbader Goethe-Kreis. Auch Herder und Wieland trugen zur Erziehung und Bildung des jungen Grafen bei. So nimmt es nicht wunder, daß er sich trotz forstwirtschaftlicher und mineralogischer Studien, trotz möglicher Offizierskarriere, dem Theater verschreibt. Mit großem Engagement widmet Brühl sich seinem Amt. Bei der feierlichen Einweihung des neuen Hauses, wird Goethes „Iphigenie auf Tauris" gegeben. Er holt Heinrich von Kleist ans Schauspielhaus, der zu Lebzeiten keine Aufführung seiner Stücke gesehen hatte. 1815 läßt Brühl „Käthchen von Heilbronn" für die Bühne bearbeiten, 1827 inszeniert er „Der Zerbrochene Krug", und sogar „Prinz von Homburg" nimmt er 1828 in den Spielplan auf, obwohl das Stück nach der dritten Aufführung verboten wird. Wesentliches Merkmal seiner Arbeit ist jedoch der königliche Auftrag. Im Mittelpunkt der Bühne steht die feierliche Selbstdarstellung des preußischen Hauses. Ausgestattet mit einem schier grenzenlosen Etat, kann sich Brühl intensiv seinem Ehrgeiz widmen, die perfekte Kulisse und das authentische Kostüm auf die Bühne zu bringen. Hier zieht er Schinkel zu Rate und bewirkt eine grandiose Zusammenarbeit. Schinkel schafft in den Jahren 1815 bis 1828 über hundert Dekorationsentwürfe zu mehr als dreißig Opern und Schauspielen. Mit seinen großartigen Kulissen verleiht der Architekt den Theateraufführungen zusätzlichen Prunk. Eine Inszenierung der Zauberflöte von Wolfgang Amadeus Mozart mit Schinkelschen Bühnenbildern ist heute noch in der Staatsoper zu sehen.

Intensiv widmet sich Brühl auch der Ermittlung originaler Kostüme und Schnitte. Nichts durfte von den historischen Vorbildern abrücken. Bis ins Detail spürt der begeisterte Theatermann den alten Techniken und Materialien nach. Zu diesem Thema bringt er sogar eine Reihe von Untersuchungen heraus. Titel der Reihe: „Neue Kostüme auf den beiden Königlichen Theatern zu Berlin unter der General-Intendantur des Herrn Grafen von Brühl."

*Historische Innenansicht des Schauspielhauses von 1905*

Nun hatten die beiden Türme ein wirkungsvolles Gegengewicht. Auch das Nationaltheater hatte einen rechteckigen Grundriß, wandte aber im Gegensatz zum alten Haus dem Markt seine Breitseite zu und riegelte ihn geradezu ab. Platz war hier jetzt für zweitausend Zuschauer, und fast täglich fanden Aufführungen statt.

Doch auch dieses Haus sollte nicht ewig stehen. Nachdem es gemeinsam mit der Lindenoper zu den Königlichen Schauspielen zusammengefaßt worden war, brannte es 1817 bis auf die Grundmauern ab. Generalintendant beider Häuser war inzwischen Karl Graf von Brühl geworden. Er hatte jetzt die ehrenvolle Aufgabe, den Wiederaufbau zu betreuen.

Zum Architekt berief der König Karl Friedrich Schinkel, der seit 1815 Bühnenbildmaler der Königlichen Schauspiele war. Das Schauspielhaus, jetzt Konzerthaus genannt, das heute auf dem Gendarmenmarkt steht, sieht von außen noch genauso aus, wie der Schinkelsche Bau aus dem 19. Jahrhundert. 1821 eröffnet, verfügte das neue Haus zwar nur über einen Theatersaal mit 1.200 Plätze, hatte aber zusätzlich einen Konzertsaal, sowie Proben- und Magazinräume.

Was allerdings die Innenräume anbetraf, mußte beim Wiederaufbau ein Kompromiß gemacht werden. Hätte man sich hier auch an die historischen Vorgaben gehalten, wäre man neuesten Anforderungen an Technik und Sicherheit nicht gerecht geworden. Gleichzeitig versuchte man, was Dekoration und einzelne Stilelemente anbetrifft, Schinkel treu zu bleiben. Vorlage für die Wandgemälde waren Skizzen des großen Meisters.
In der Mitte des gesamten Gebäudekomplexes liegt der große Konzertsaal. Er faßt 1.500 Zuhörer und ist so vollendet auf die Platzanlage des Gendarmenmarkts abgestimmt, daß die zentrale Achse des Hauses mit der Schillerstatue draußen und dem Dirigentenpult im Saal eine Linie bildet. Beim dirigieren steht der Leiter des Orchesters Rücken an Rücken mit Schiller. Die Schinkelstatue im Eingangsbereich des Hauses hingegen schaut in dieselbe Richtung wie der Dirigent. Über der westlichen Stirnseite des Saales erhebt sich eine Orgel mit 74 Registern und 5.811 Pfeifen, die aus der Dresdner Werkstatt Jehmlich stammt.

*Das Berliner Sinfonie-Orchester im Großen Saal des Schauspielhauses, heute Konzerthaus genannt.*

In der vierten Etage befindet sich ein weiterer Konzertsaal, der nur vierhundert Sitzplätze faßt und insbesondere der Kammermusik gewidmet ist. Bisweilen werden hier auch kleinere Theaterinszenierungen aufgeführt. In diesem Raum hat man sich bemüht, den Schinkelschen Theatersaals nachzuempfinden. So geht das stilisierte Zeltdach an der Decke auf klassizistische Vorlagen zurück.
Im ersten Stock ist schließlich der Musikclub, ein Raum, der mit runden Tischen, entsprechender Bestuhlung und einer Bar wie ein Lokal eingerichtet ist. Hier finden achtzig Personen Platz, und es werden bevorzugt Liederabende oder Kinderprogramm gegeben. An dieser Stelle befand sich übrigens früher zwischenzeitlich der Theater-Karzer. Wenn ein Schauspieler zu spät oder betrunken zur Aufführung erschien, wurde er kurzerhand zur Strafe eingesperrt.

*Über dem Ostgiebel des Schauspielhauses zügelt Apoll die wilden Greife, die seinen Streitwagen ziehen*

*Das Schauspielhaus beherrscht mit seiner mächtigen Freitreppe den Platz.*

## Angrenzende Bauten

Zu einem anständigen Platz gehört auch eine elegante Randbebauung. Umgeben wurde der Gendarmenplatz von vornehmen dreigeschossigen Immediatbauten, die jedoch im 19. Jahrhundert meist Geschäfts- und Verwaltungsbauten weichen mußten. Heute kann man nur noch an wenigen Stellen Spuren der alten Zeit finden. Gleich hinter dem Schauspielhaus, in dem Gebäude an der Ecke Taubenstraße / Charlottenstraße, wohnte bis zu seinem Tod der Schriftsteller, Komponist und Zeichner E.T.A. Hoffmann.
Er schrieb zahlreiche skurrile, märchenhafte Erzählungen und Novellen, oft fantastischer Natur, die großen Einfluß auf die europäische Dichtung nahmen. Viele Anekdoten erzählen von seinen Eskapaden in die Gasthäuser und Wirtschaften am Platz. Unzählige Male saß er mit seinem Freund, dem Schauspieler Ludwig Devrient bei Lutter & Wegner in der Weinhandlung. Eines dieser Treffen wurde in einem Bild von Hermann Kramer festgehalten (1843, Märkisches Museum, Berlin).
In das Haus, in dem Hoffmann einst wohnte, ist jetzt Lutter & Wegner eingezogen. An der Stelle, an der sich die Weinhandlung bis in die zwanziger Jahre befand, steht heute das

E. T. A. HOFFMANN

„Es ist nötig zu sagen, daß mein Vetter ziemlich hoch in kleinen niedrigen Zimmern wohnt. Das ist nun Schriftsteller- und Dichtersitte. Was tut die niedrige Stubendecke? Die Phantasie fliegt empor und baut sich ein hohes, lustiges Gewölbe bis in den blauen glänzenden Himmel. So ist des Dichters enges Gemach, wie jener zwischen vier Mauern eingeschlossene zehn Fuß ins Geviert großer Garten, zwar nicht breit und lang, hat aber stets eine schöne Höhe. Dabei liegt aber meines Vetters Logis in dem schönsten Teil der Hauptstadt, nämlich auf dem großen Markte, der von Prachtbauten umschlossen ist, und in dessen Mitte das kolossal und genial gedachte Theatergebäude prangt. Es ist ein Eckhaus, was mein Vetter bewohnt, und aus dem Fenster eines kleinen Kabinetts übersieht er mit einem Blick das ganze Panorama des grandiosen Platzes."

*E.T.A Hoffmanns Beschreibung seiner Wohnung in der Erzählung „Des Vetters Eckfenster".*

Four Seasons Hotel, ein Bau von Josef P. Kleihues. Dort, wo heute das Café Möhring ist, stand früher das Waisenhaus der Französischen Kirche, eines der Häuser, die Gontard im Zusammenhang mit den Turmbauten um eine Etage aufstocken und dessen Fassade er verschönern ließ. Ziel war, die Platzanlage insgesamt aufzuwerten und ihr den Charakter eines einheitlichen Ensembles zu geben.

Hervorzuheben ist auch das Haus, in dem sich die Akademische Buchhandlung befindet. Während sich die Häuserreihe sonst aus grauen Plattenbauten zusammensetzt, die im Zuge der 750-Jahrfeier Berlins entstanden, wurde hier die Fassade mit bunten Fliesen verschönt.

Aus einem Haus hinter dem Schauspielhaus klingen Klavierspiel und Gesang. Hier ist die Staatliche Hochschule für Musik Hanns Eisler eingezogen. Hoch oben unter dem Dach befindet sich eine Turnhalle. Dort trainieren die Eleven der Berliner Artistenschule aus der Friedrichstraße. Mit kräftigen Schwüngen am Trapez schieben sie sich hoch hinauf in den Zirkushimmel, um dort ihre gewagten Sprünge zu exerzieren.

*In dem Haus an der Ecke Tauben-Charlottenstraße - wohnte bis 1822 E. T. A. Hoffmann.*

**LITERATUR (Auswahl):**


• Badstübner-Gröger, Sybille: Französischer und Deutscher Dom Berlin. *Regensburg 1996.*

• Demps, Laurenz: Der Gendarmen-Markt. Gesicht und Geschichte eines Berliner Platzes. *Berlin 1988.*

• Demps, Laurenz: Der schönste Platz Berlins. Der Gendarmenmarkt in Geschichte und Gegenwart. *Berlin 1993.*

• Goralczyk, Peter: Der Platz der Akademie in Berlin. *Berlin 1987.*

• Hoffmann, Ernst Theodor Amadeus: Des Vetters Eckfenster, in: Berliner Novellen von E.T.A.Hoffman, *Berlin 1916.*

• Nicolai, Friedrich: Beschreibung der Königlichen Residenzstädte Berlin und Potsdam und aller daselbst befindliche Merkwürdigkeiten. *Berlin 1769-1786. Bände 1-4.*

• Oesfeld, Karl Ludwig: Umständliche Beschreibung der beiden neuerbauten Türme auf dem Friedrichstädtischen Markte zu Berlin, welche Seine Königliche Majestät von Preußen in den Jahren 1780 bis 1785 daselbst haben ausführen lassen. *Berlin 1785*

• Wartusch, Rüdiger und Anke Tanzer: Kleists Käthchen in Berlin. Eine neue Epoche des Theaters. *Heilbronn 1996.*

## ZEITTAFEL

**• 1685**
Edikt von Potsdam

**• 1701**
Edikt zum Bau der Französischen und der Deutschen Kirche

**• 1705**
Übergabe der Französischen Kirche

**• 1708**
Einweihung der Deutschen Kirche

**• 1735**
Ansiedlung des Kürassierregiments „Gens d'Armes", Bau von Ställen und Kasernen

**• 1774-1776**
Errichtung eines Französischen Komödienhauses

**• 1780**
Beginn der Turmbauten

**• 28.07.1781**
Einsturz des Turmes der Deutschen Kirche

**• 1785/6**
Fertigstellung des Französischen/Deutschen Domes

**• 1800**
Langhans baut das Komödienhaus zum Nationaltheater um

**• 1815**
Karl Graf von Brühl wird Generalintendant

**• 1817**
Das Nationaltheater brennt

**• 1819-1821**
Schinkel baut das Nationaltheater zum Schauspielhaus um

**• 1815-1822**
E.T.A. Hoffmann wohnt am Gendarmenmarkt

**• 1848**
Das Schauspielhaus wird vorübergehend Sitz der Preußischen Nationalversammlung

**• 10.11.1871**
Enthüllung des Schillerdenkmals

**• 1943-1945**
Der Gendarmenmarkt wird samt umliegender Bauten Opfer von Brandbomben

**• 1983**
Wiedereröffnung der Französischen Friedrichstadtkirche

**• 1984**
Wiedereröffnung des Schauspielhauses als Konzerthaus

**• 1987**
Wiedereröffnung des Französischen Domes

**• 1996**
Wiedereröffnung des Deutschen Domes